식물, 어디까지 아니?

식물,
어디까지
아니?

초판 1쇄 2013년 10월 7일
초판 16쇄 2025년 2월 6일

글쓴이 박연
그린이 박연
펴낸이 조영진
펴낸곳 고래가숨쉬는도서관
출판등록 제2024-000082호
주소 서울시 서대문구 연희로41다길 13 바우하우스 2층
전화 02-6081-9680 | 02-6082-9680   팩스 0505-115-2680
블로그 https://blog.naver.com/goraebook

ⓒ박연

* 값은 뒤표지에 있습니다.
* 잘못 만든 책은 구입하신 서점에서 바꾸어 드립니다.
* 책의 내용과 그림은 저자나 출판사의 서면 동의 없이 마음대로 쓸 수 없습니다.

ISBN 978-89-97165-50-6 74480

이 도서의 국립중앙도서관 출판시도서목록(CIP)은 e-CIP홈페이지(http://www.nl.go.kr/ecip)와
국가자료공동목록시스템(http://www.nl.go.kr/kolisnet)에서 이용하실 수 있습니다.(CIP제어번호: CIP2013018603)

품명: 도서	전화번호: 031-955-9680	제조년월: 2025년 2월
제조국명: 대한민국	제조자명: 고래가숨쉬는도서관	
주소: 서울시 서대문구 연희로41다길 13바우하우스 2층		사용 연령: 9세 이상

• KC마크는 이 제품이 공통안전기준에 적합하였음을 의미합니다.

탐험하는 고래

알면 알수록 흥미로운 식물 이야기!

식물, 어디까지 아니?

박연 글·그림

고래가 숨 쉬는 도서관

제1장
봄 씨앗을 뿌리자 7

제2장
서로 돕는 동반 식물 17

제3장
자연이 주는 선물, 봄나물 27

제4장
생활에 밀접한 쑥 이야기 37

제5장
자연의 청소부, 버섯 47

 제 6 장

밭에서 나는 고기, 콩 57

 제 7 장

쓸모 많은 도토리 67

 제 8 장

오리 농법 이야기 77

 제 9 장

시골 마당에 피는 기능성 꽃 이야기 87

봄 씨앗을 뿌리자

봄 씨앗을 뿌리자

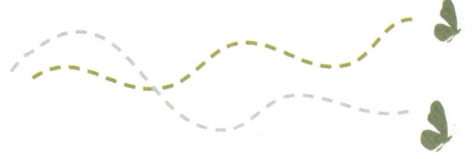

"어랏? 땅속에서 비명 소리가?"
"이것 봐? 새싹이 자라고 있어."
"정말?"

아기 피부같이 부드러운 흙 속에서는 봄이면 수많은 생명이 깨어나 기지개를 켠답니다. 꼬물거리는 작은 벌레, 딱딱한 씨앗을 뚫고 힘차게 자라나는 새싹, 그리고 겨울잠에서 깨어나 땅 밖으로 고개를 내미는 동물들까지, 봄의 밭에는 싱그러운 생명력이 넘쳐나지요.

떼알 흙을 만들어요

초봄에 기름진 땅을 만들면서 일 년 농사가 시작돼요. 넓은 밭은 트랙터나 경운기로, 작은 텃밭은 삽과 곡괭이로 딱딱해진 땅을 갈고, 거름을 섞어 식물이 자라기 좋은 흙으로 만들어 줘요. 흙에 신선한 공기와 거름이 섞이면 지렁이나 미생물이 살기 좋은 폭신폭신한 흙이 되고, 식물은 힘차게 흙 속으로 뿌리를 내려 튼튼하게 자라지요. 이런 흙을 떼알 흙이라고 해요.

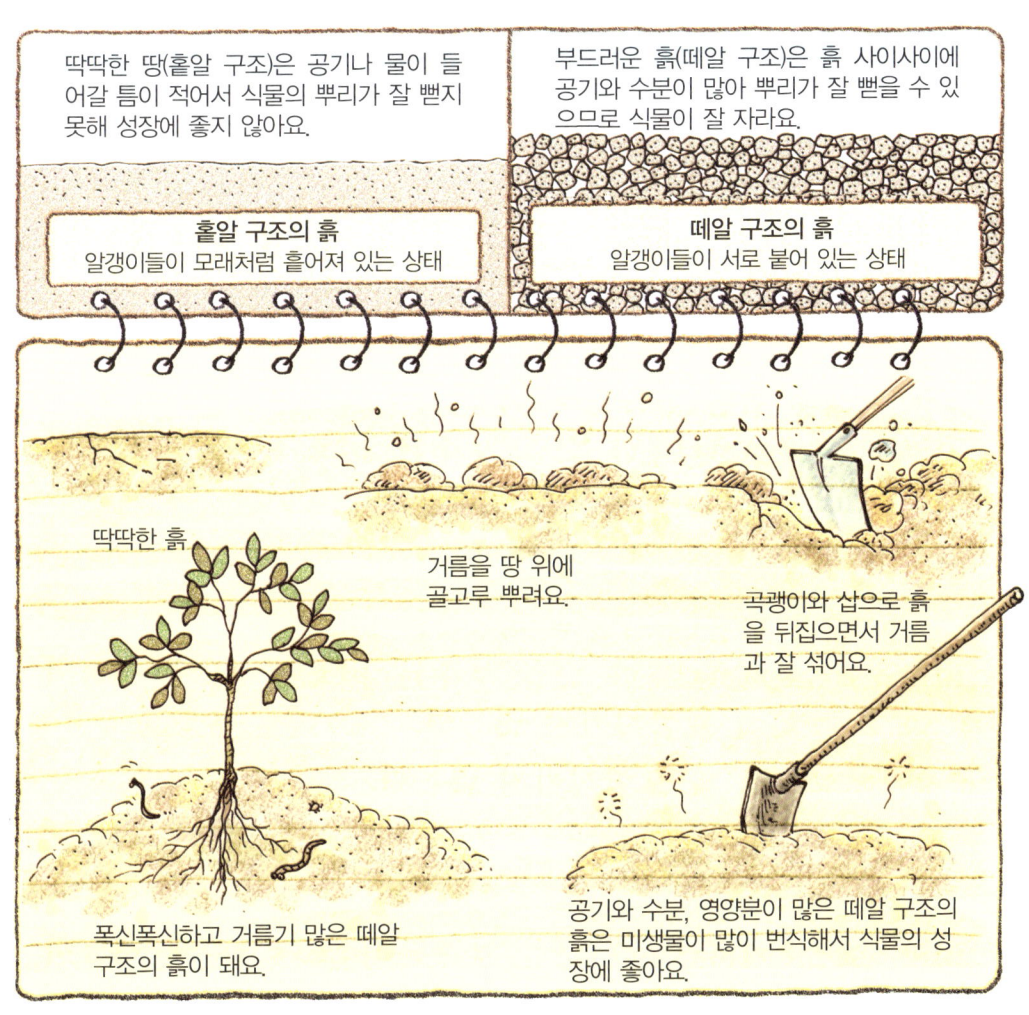

꼭 거름이 있어야 해요?

우리 몸에 꼭 필요한 영양소가 있듯 식물이 자라는 데도 영양소가 필요해요. 바로 질소, 인산, 칼륨이랍니다.

이 세 가지를 가리켜 거름의 3대 요소라고 한답니다. 이 중 질소는 식물의 줄기와 잎의 성장에 필요한 단백질이에요. 질소가 부족하면 잎이 작고 잘 자라지 않아요. 인산은 꽃과 열매가 자라는 데 필요해요. 인산이 부족하면 잎이 보라색으로 변해요. 칼륨은 광합성 작용을 왕성하게 해 식물을 건강하게 만들어 주지요. 칼륨이 부족하면 잎 주변이 황갈색으로 말라요.

그 외에도 칼슘은 세포를 늘리는 데 필요한 영양소로 부족하면 새순이나 열매 꼭지가 검게 변해요. 철은 식물이 녹색을 띠는 데 필요한 영양소예요. 철이 부족하면 잎이 하얗게 변하지요. 붕소는 식물 조직을 단단하게 해 주어 열매가 물크러지지 않게 해 주지요.

거름이 부족할 때 생기는 여러 가지 현상

- 질소는 잎이나 줄기 성장에 필요한 단백질로, 부족하면 잎이 작고 잘 자라지 않아요.
- 인산은 꽃봉오리와 열매의 성장에 필요해요. 부족하면 잎이 보라색으로 변해요.
- 칼륨은 광합성 작용을 도와요. 부족하면 잎 주변이 황갈색으로 말라요.
- 칼슘은 세포 증식에 필요해요. 부족하면 새순이나 열매꼭지가 검게 변해요.
- 철은 식물이 녹색을 띠게 해 주므로 부족하면 잎이 하얗게 변해요.
- 붕소는 식물 조직을 단단하게 만드는데, 부족할 경우 잎이 무르고 열매도 물크러져요.

거름은 무기질과 유기질로 나눠진대.

무기질 비료(화학 비료)

무기질 비료는 과학 기술로 만든 화학 비료예요. 사용하기 간편하고 효과도 빨라 많이 사용돼요. 천연 비료에 비해 고약한 냄새가 나지 않고 효과도 좋지만 조금만 지나치게 사용해도 작물이 죽거나 잎이나 열매가 떨어져 버려요. 또 성분이 오래 남아 토양을 오염시킨답니다.

액체 비료 하이포넥스
화학 비료

유기질 비료(천연 비료)

퇴비(낙엽, 볏짚, 마른 풀)를 높게 쌓아 발효시킨 뒤 거름으로 사용해요.

❶ 볏짚
❷ 잡초 말린 것
❸ 낙엽
❹ 비 가림막

인분(사람의 똥)과 축분(소, 돼지, 닭 등의 똥), 골분(소 뼈, 돼지 뼈, 생선 뼈) 등을 왕겨와 섞어서 발효시켜 거름으로 사용해요.

깻묵, 쌀겨, 숯가루, 재 등을 발효시켜 사용하기도 해요. 깻묵은 참기름 집에서, 쌀겨는 정미소에서 구할 수 있어요. 깻묵에는 질소 성분이 많고, 쌀겨에는 인산, 칼륨 성분이 많아요.

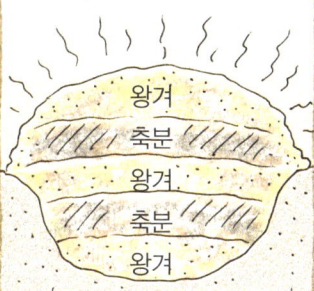

계절에 맞는 씨앗 뿌리기

씨앗을 흙에 심는 것을 파종이라고 해요. 언제 파종을 해야 할지는 작물의 종류와 품종에 따라 다르고, 지방에 따라서도 달라져요. 가장 좋은 시기는 기온과 습도, 햇빛 등이 씨앗의 발아에 알맞고 자라는 동안에도 생육 조건이 알맞아야 하겠지요.

씨앗을 뿌리는 방법

씨앗을 뿌리는 방법도 작물의 종류나 땅의 형편에 따라 달라져요. 흙에 구멍을 내어 씨앗을 넣기도 하고 이랑을 만들어 주기도 해요.

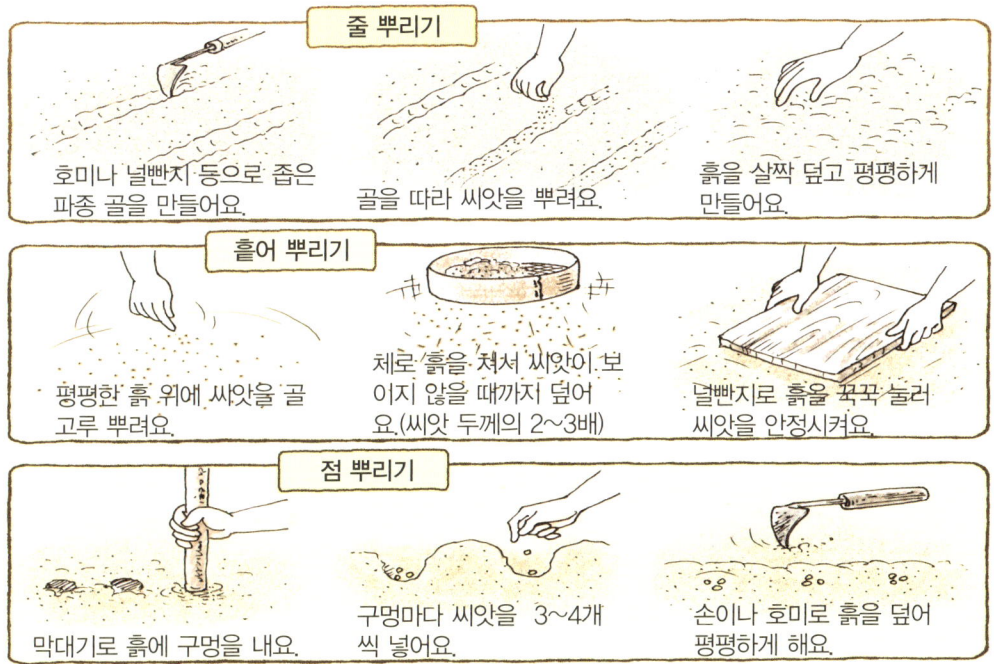

줄 뿌리기
- 호미나 널빤지 등으로 좁은 파종 골을 만들어요.
- 골을 따라 씨앗을 뿌려요.
- 흙을 살짝 덮고 평평하게 만들어요.

흩어 뿌리기
- 평평한 흙 위에 씨앗을 골고루 뿌려요.
- 체로 흙을 쳐서 씨앗이 보이지 않을 때까지 덮어요.(씨앗 두께의 2~3배)
- 널빤지로 흙을 꾹꾹 눌러 씨앗을 안정시켜요.

점 뿌리기
- 막대기로 흙에 구멍을 내요.
- 구멍마다 씨앗을 3~4개씩 넣어요.
- 손이나 호미로 흙을 덮어 평평하게 해요.

조상들의 지혜

우리 조상들은 씨앗을 심을 때 꼭 세 알을 심었대요. 한 알은 하늘의 새가 먹고, 한 알은 땅속 벌레가, 남은 한 알은 사람이 먹기 위한 거지요. 새나 벌레가 씨앗을 먹어 버려 그걸 대비해서 더 많이 심는 것이라지만 그보다는 씨앗이 발아하여 자랄 때는 여럿이 있어야 더욱 잘 자라기 때문에 넉넉히 심는답니다. 조금 더 커서 자리가 비좁아지면 하나둘 솎아 내서 새싹 채소로 먹기도 해요. 씨앗 심기 하나에도 자연의 생명들과 나누며 살았던 조상님들의 슬기가 느껴지지요?

엄마랑 함께해요

베란다 텃밭 만들기

준비물 : 대형 플라스틱 화분이나 스티로폼 상자, 경석, 마사토, 상토, 꽃삽, 상추나 케일 등 여러 쌈 채소 모종

1. 바닥에 망을 깐다.

3. 경석 위에 배양토를 조금 넣고, 발효 밑거름을 넣는다(골분 깻묵, 계분 등)

2. 경석을 넣는다.

4. 마사토와 상토를 섞은 배양토로 화분의 절반을 채운다.

5. 모종 자리를 잡는다.

6. 작은 삽으로 모종 주위에 배양토를 채워 넣는다.

7. 바닥에 물이 흘러나올 만큼 충분히 물을 준다.

8. 잎이 10장 정도 자라면 바깥 잎부터 따서 먹는다.

식물, 어디까지 아니?

> 교과서 따라하기

다음 채소의 이름을 쓰고, 잎줄기채소, 뿌리채소, 열매채소로 분류해서 선을 그어 연결해 보아요

잎줄기채소　　뿌리채소　　열매채소

서로 돕는 동반 식물

서로 돕는 식물을 함께 심어요

성격이 잘 맞는 친구와 그렇지 않은 친구가 있는 것처럼 식물 사이에도 짝이 잘 맞아 서로 도움을 주는 식물과 잘 맞지 않아 피해를 주는 식물이 있어요. 짝이 잘 맞는 식물을 함께 심으면 서로에게 도움을 주고 병해충도 막아 줘서 더 많은 수확을 거둘 수 있지요. 이런 식물들을 동반 식물이라고 해요. 동반 식물은 보통 성격이 반대되는 것끼리 심는답니다.

어떻게 짝을 이룰까?

- 햇빛을 좋아하는 작물과 그늘을 좋아하는 작물
- 뿌리가 깊게 뻗는 작물과 얕게 뻗는 작물
- 거름이 많이 필요한 작물과 적게 필요한 작물
- 벌레가 좋아하는 작물과 싫어하는 작물
- 생육이 빠른 작물과 늦은 작물
- 잎 길이가 짧은 작물과 긴 작물

식물, 어디까지 아니?

서로 도우면 어떤 점이 좋을까요?

● **땅을 효과적으로 써요** 땅을 넓게 차지하는 고구마나 호박은 위로 뻗어 자라는 옥수수, 조, 수수 등과 함께 심어 땅의 효율성을 높여요. 오이와 멜론을 옥수수와 함께 심으면 옥수수가 적당한 그늘을 만들어 주지요. 옥수수에는 오이의 청고병을 막아 주는 효과도 있다고 해요.

● **거름 역할을 해요** 옥수수는 거름을 많이 필요로 하는데 공기 중의 질소를 비료로 만드는 콩을 함께 심으면 좋은 효과가 나요. 또 콩을 밀밭에 심으면 김을 맬 필요도 없고, 수확량도 15퍼센트가량이나 더 늘어난다니 놀라운 일이지요. 콩은 흙을 기름지게 하기 때문에 양배추, 오이, 옥수수, 감자, 밀, 보리 등과 함께 심으면 좋아요.

● **병해충을 예방해요** 토마토와 대파를 같이 심으면 대파의 강한 향기가 토마토의 병해충을 막아 줘요. 또 토마토와 대파는 뿌리를 통해 양분을 주고받는 공생 관계이기도 해요. 고추와 들깨도 함께 심으면 들깨 향이 고추에 기생하는 담배나방의 애벌레를 막는 역할을 해요.

친구끼리 무럭무럭 잘 커요

인디언은 예로부터 옥수수와 호박을 함께 심었어요. 키가 큰 옥수수와 땅에 기는 호박을 잘 조화시킨 거지요. 독일 사람들도 장미와 라벤더를 함께 심었대요. 라벤더가 장미의 진딧물을 방지해 준대요. 장미와 마늘을 함께 심어도 좋아요. 마늘이 장미의 곰팡이병을 예방해 주니까요. 재배하는 계절이 같거나 공동의 병해충이 없는 것을 조합하는 방법도 있어요. 요즘은 향이 강한 허브나 꽃을 이용해서 채소를 재배하기도 하는데 예쁜 꽃도 보고 건강한 채소도 먹고, 이게 바로 일석이조이지요?

살충제 없이도 해충을 잡을 수 있어요

나라별 동반 식물을 이용한 농사 기법

순무 + 캐모마일
순무의 해충을 막는 천적은 캐모마일의 꽃가루나 꿀을 좋아해요. 게다가 캐모마일의 향은 진딧물이 싫어해서 진딧물이 끼지 않아요.

오이 + 파
파뿌리에 공생하는 미생물이 오이의 덩굴말림병을 억제해 주고 오이 잎벌레를 방지하는 효과가 있어요.

일본

토마토 + 아스파라거스
아스파라거스를 수확한 다음, 바로 토마토를 심으면 해충이 다가오지 못해요.

사과 + 마늘
사과나무 둘레에 마늘을 심어 놓으면 나무좀벌레나 나방류 등 사과 껍질 속으로 파고 들어가는 벌레와 진딧물, 왜콩풍뎅이 등 많은 해충이 기생하지 못하지요.

오스트리아

식물, 어디까지 아니?

시금치 + 감자
키가 크지 않은 작물의 짝짓기로 인도네시아의 지대가 높은 지역에서 많이 심어요. 시금치와 감자는 궁합이 맞는 식물이래요.

양상추 + 피망
양상추와 피망을 함께 심어 놓은 것은 인도네시아 곳곳에서 볼 수 있는데, 이 둘의 조합은 해충을 막는 역할을 해 준대요.

인도네시아

토마토 + 갓
토마토를 심기 전에 갓 씨를 뿌리면 갓에서 나오는 기름이 살균 작용을 해 토마토의 병을 막아 줄 뿐 아니라 해충이나 달팽이도 막아 줘요.

당근 + 양파
당근과 양파를 한 줄씩 번갈아 심으면 당근은 양파 파리를 막아 주고, 양파는 당근 파리를 쫓아내 준답니다.

독일

양배추 + 토마토
양배추를 좋아하는 배추흰나비 등은 토마토 냄새를 아주 싫어하므로 둘을 같이 심으면 좋아요.

양배추 + 메리골드
국화과인 메리골드는 선충을 막아 주고 온실가루나 도둑나방이 싫어하는 강한 냄새를 풍기기 때문에 양배추뿐만 아니라 여러 채소에 도움이 되는 좋은 동반 작물이에요.

미국

방울토마토 키우기

1. 화원에서 배양토(식물을 기르는 데 쓰기 위하여 인위적으로 거름을 섞어 걸게 만든 흙)를 구입해 화분에 담은 뒤 물을 흠뻑 뿌려 준다.

2. 스티로폼이면 15센티미터 간격으로, 화분은 손가락으로 씨앗 넣을 구멍을 만들어 씨앗을 2~3개 정도 넣고 흙으로 덮어 준다.

4. 싹이 5센티미터 정도 자라면 솎아 준다.

3. 사나흘에 한 번씩 물을 준다.

6. 15센티미터 정도 자라면 지지대를 세우고 줄기를 묶어 준다.

5. 한 달에 한 번 정도 액비를 뿌려 준다.

7. 3개월 정도 뒤에 꽃이 피는데 꽃이 피면 줄기와 잎사귀 사이의 작은 순들을 모두 따준다. 그래야 원줄기가 굵어져 열매가 많이 달린다.

식물, 어디까지 아니?

교과서 따라하기

서로에게 도움을 주는 동반 식물은 어떻게 짝을 이루면 좋을까요?

햇빛을 좋아하는 작물 •	• 잎 길이가 긴 작물
뿌리가 깊게 뻗는 작물 •	• 거름이 적게 필요한 작물
거름이 많이 필요한 작물 •	• 벌레가 싫어하는 작물
벌레가 좋아하는 작물 •	• 그늘을 좋아하는 작물
생육이 빠른 작물 •	• 뿌리가 얕게 뻗는 작물
잎 길이가 짧은 작물 •	• 생육이 늦은 작물

25

자연이 주는 선물, 봄나물

자연이 주는 선물, 봄나물

옛날에는 산과 들에서 자라는 약초는 물론이고 들에서 흔하게 나는 나물도 채소로 이용했어요. 우리나라 산과 들에는 먹을 수 있는 식물이 약 500여 종이 있고, 그중 20여 종의 나물은 도시 근교에서 쉽게 찾아볼 수 있답니다. 우리 조상들이 보릿고개나 계속되는 가뭄을 이겨 내고 살아남을 수 있었던 것도 바로 산과 들에 맛 좋고 영양이 풍부한 나물들이 있었기 때문이지요. 그뿐만이 아니랍니다. 봄에는 활동량이 늘어남에 따라 우리 몸이 필요로 하는 비타민 소모량이 5~10배나 많아지는데 봄 햇살을 듬뿍 받고 자란 봄나물에는 효소, 비타민, 미네랄, 엽록소가 풍부해 춘곤증을 이기는 데 더없이 좋답니다.

요즘은 비닐하우스에서 재배하는 작물들이 많아 한겨울에도 가게에 가면 온갖 과일과 채소들을 손쉽게 구할 수 있는 편리한 세상이에요. 하지만 제철 음식이 가장 맛도 좋고 영양가도 많답니다. 자연의 정기를 담뿍 받고 자랐으니 당연한 거겠죠? 봄나물이 좋다고 마구잡이 아무 풀이나 뜯으면 안 되겠죠? 먹을 수 있는 나물과 먹을 수 없는 풀을 구별할 줄 알아야 해요. 그리고 어린순만 뜯는 것과 뿌리째 캐는 나물도 구별할 수 있어야 한답니다. 무엇보다 아무 밭이나 함부로 들어가서 마구 파헤치거나 밟으면 안 돼요.

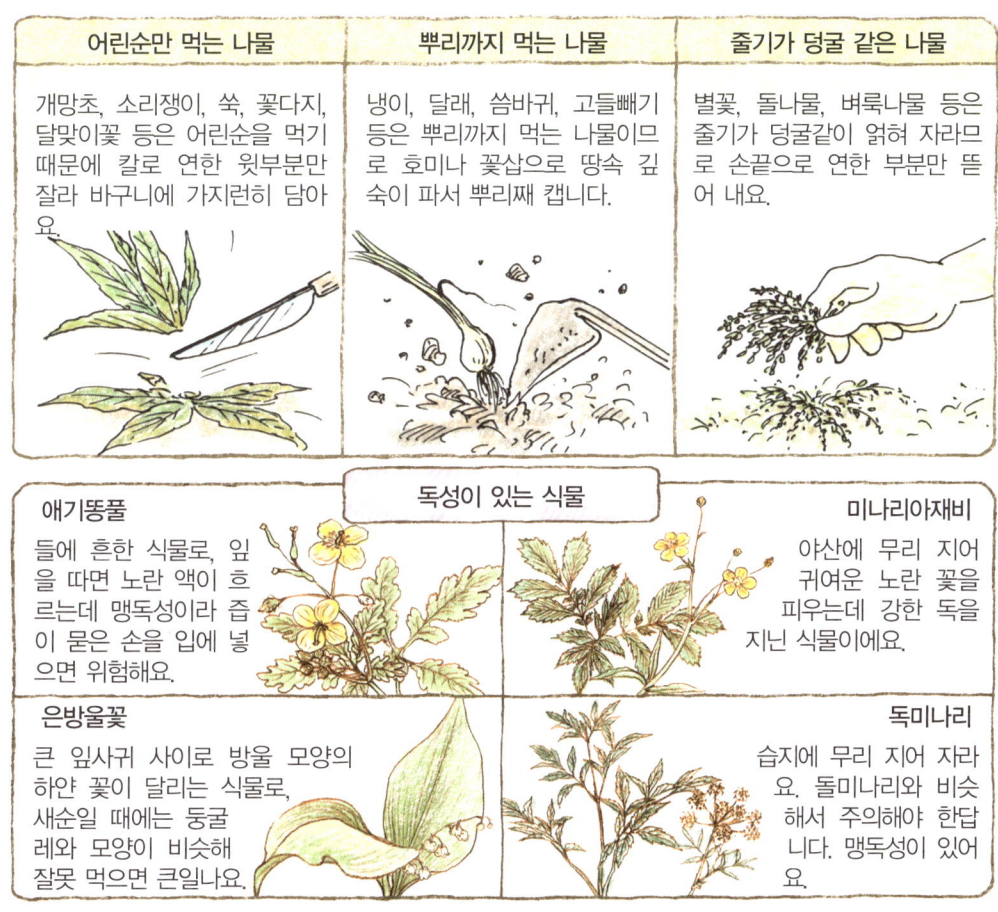

어린순만 먹는 나물
개망초, 소리쟁이, 쑥, 꽃다지, 달맞이꽃 등은 어린순을 먹기 때문에 칼로 연한 윗부분만 잘라 바구니에 가지런히 담아요.

뿌리까지 먹는 나물
냉이, 달래, 씀바귀, 고들빼기 등은 뿌리까지 먹는 나물이므로 호미나 꽃삽으로 땅속 깊숙이 파서 뿌리째 캡니다.

줄기가 덩굴 같은 나물
별꽃, 돌나물, 벼룩나물 등은 줄기가 덩굴같이 얽혀 자라므로 손끝으로 연한 부분만 뜯어 내요.

독성이 있는 식물

애기똥풀
들에 흔한 식물로, 잎을 따면 노란 액이 흐르는데 맹독성이라 즙이 묻은 손을 입에 넣으면 위험해요.

미나리아재비
야산에 무리 지어 귀여운 노란 꽃을 피우는데 강한 독을 지닌 식물이에요.

은방울꽃
큰 잎사귀 사이로 방울 모양의 하얀 꽃이 달리는 식물로, 새순일 때에는 둥굴레와 모양이 비슷해 잘못 먹으면 큰일나요.

독미나리
습지에 무리 지어 자라요. 돌미나리와 비슷해서 주의해야 한답니다. 맹독성이 있어요.

여러 가지 봄나물

야호!

봄 나물 캐러 가자!

꽃다지 식물 전체에 별처럼 생긴 털이 나 있어요. 이른 봄에 줄기와 잎을 따서 물에 끓여 떫은 맛을 없애고, 나물이나 국거리로 이용해요.

민들레 잎은 날개깃처럼 갈라졌으며 열매는 깃털이 있어 바람에 쉽게 날려요. 이른 봄에 어린잎과 줄기를 캐서 나물로 먹어요.

냉이 잔디밭이나 길가에서 흔히 자라는데 꽃대를 따라 초록색의 열매가 달려요. 줄기 아래쪽에는 화살처럼 생긴 잎들이 줄기를 감싸고 있지요.

식물, 어디까지 아니?

달래 백합과 여러해살이풀로 땅속에 길쭉한 비늘줄기를 지니고 있어요. 이 비늘줄기를 먹어요.

질경이 양지바른 길가나 들에서 흔히 자라는 잡초지만 봄과 여름에는 어린 순을 캐서 나물로 먹어요.

제비꽃 잎 가장자리가 밋밋하고 잎자루는 매우 길어요. 어린 순을 나물로 먹어요.

쑥 봄을 알리는 대표적인 식물로 뿌리줄기가 옆으로 기면서 자라고, 흰 털이 전체에 나 있어요. 이른 봄에 나오는 어린순으로 국이나 떡을 만들어 먹어요. 줄기와 잎을 단오 전후에 캐서 그늘에 말려 약으로 쓰기도 하는데 복통·지혈에 효과가 있어요.

식물도감 가지고 올걸!

씀바귀 키는 30센티미터 정도이며 줄기는 가늘어요. 잎 가장자리의 아래쪽에만 톱니들이 약간 있어요. 이른 봄에 뿌리와 어린순을 나물로 먹는데, 잎에서 분비되는 흰 즙은 쓴맛을 내지만 기름에 무치거나 초간장에 무쳐 먹으면 오히려 입맛을 돋우어요.

향긋한 봄나물 요리

언 땅에서도 살아남아 강인한 생명력을 뽐내는 봄나물들에는 우리 몸에 필요한 여러 비타민과 항산화 물질이 많아 몸에 활기를 주고 면역력을 높여 줘요.

냉이, 별꽃, 꽃다지, 개망초, 민들레 등을 깨끗이 다듬고 씻은 뒤, 끓는 물에 데쳐 찬물로 헹구고 물기를 꼭 짜요. 소금이나 고추장, 된장에 참기름, 깨소금을 넣고 조물조물 무쳐요.

달래, 냉이, 미나리, 꽃다지 등은 부침으로, 냉이, 양지꽃, 개망초 등은 튀김으로 알맞아요.

멸치 우린 물에 된장을 풀고 콩가루에 나물을 굴려서 넣고 끓이면 맛있는 봄나물 된장국이 되지요. 금방 뜯은 싱싱한 민들레 잎, 소리쟁이, 쇠별꽃, 비비추 등을 씻어 식초, 설탕, 소금, 겨자 등을 넣어 생으로 버무리면 훌륭한 샐러드가 된답니다. 돌나물, 별꽃, 달래 등을 커다란 잎사귀에 쌈 싸 먹는 재미도 아주 좋아요. 돼지고기나 참치를 올리고 쌈장이나 고추장을 얹어 싸 먹으면 입안에 봄 향기가 가득 퍼져요.

일 년 내내 봄나물을 먹어요

 이 좋은 봄나물을 두고두고 먹을 수는 없을까요? 걱정 안 해도 돼요. 우리 조상들의 지혜를 찾아보면 되거든요. 나물을 보관하는 방법도 여러 가지가 있어요. 데친 뒤 채반에 널어 바싹 말리거나 물기를 짜낸 뒤 비닐 팩에 담아 냉동실에 넣어 두면 된답니다.

절이거나 김치를 담가요.

민들레, 씀바귀 같은 나물은 소금에 절여 쓴맛을 우려내고 각종 양념을 버무려 김치를 담가요. 취나물, 칡 잎, 잔대 같은 뻣뻣한 잎은 소금이나 간장에 절여 장아찌를 담가요.

가마솥에 덖어 차를 만들어요.

생강나무 새순, 어린 쑥, 칡 순, 찔레 순 등 새순을 뜯어 뜨거운 가마솥에 쪄서 말리면 훌륭한 찻잎이 된답니다.

효소로 만들어요.

약효가 좋은 긴병꽃풀이나 솔잎, 꿀풀 등은 소주나 설탕을 부어 서늘한 곳에서 장기간 숙성시킨 뒤 조금씩 마시면 식물의 좋은 성분이 우러나와 건강에 도움을 주지요.

 엄마랑 함께해요

봄나물 샐러드 만들기

금방 뜯은 싱싱한 민들레 잎, 소리쟁이, 쇠별꽃, 비비추 등을 씻어 식초, 설탕, 소금, 겨자 등을 넣어 생으로 버무리면 훌륭한 샐러드가 된답니다.

1. 여러 나물들을 흐르는 물에 깨끗이 씻는다.

2. 식초, 소금, 설탕, 겨자를 넣어 드레싱을 만든다.

3. 손으로 버무린다.

4. 큰 접시에 예쁘게 담는다.

5. 맛있게 냠냠!

식물, 어디까지 아니?

제철 채소를 조사해 보아요

교과서 따라하기

제철 채소를 알아보고 계절에 알맞은 채소를 골라 써 보아요.

봄

겨울

여름

보기

돌미나리, 고들빼기, 땅두릅, 원추리, 고사리, 양상추,

껍질콩, 머위, 죽순, 취, 쑥, 상추, 봄동, 두릅, 고구마순,

도라지, 양파, 마늘, 더덕, 오이, 부추, 감자, 피망, 열무,

풋고추, 깻잎, 옥수수, 고구마, 풋콩, 토란, 당근,

붉은 고추, 표고버섯, 송이버섯, 팥, 무, 느타리버섯,

양송이버섯, 브로콜리, 연근, 늙은 호박, 시금치,

가을

35

생활에 밀접한 쑥 이야기

생명력이 강한 쑥

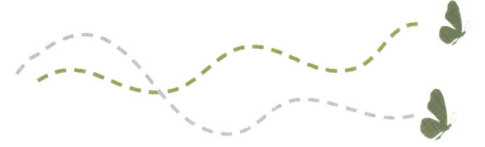

쑥은 한겨울에 숨죽이고 있다가 봄기운을 느끼면 가장 먼저 싹을 틔우는 생명력이 강한 풀이랍니다. 우리 생활과 밀접해서 식용, 약용으로 골고루 쓰이지요. 무기질과 비타민이 많이 들어 있는데, 특히 비타민 A가 많아 약 80g만 먹어도 하루 필요량을 모두 얻을 수 있대요. 또 비타민 C도 많아 감기 예방과 치료는 물론이고 해열, 해독, 진통 효과에다 혈압을 내려 주는 작용도 하지요. 하지만 쑥은 흡수하는 성질이 강하므로 농약을 치는 밭이나 둑에서 자라는 쑥은 먹지 않는 것이 좋아요.

쑥으로 만든 음식들

세계 여러 나라에도 쑥이 있지만 독성이 있어서 잘 쓰이지 않는데, 유독 우리나라에서 나는 쑥은 독이 없고 약성이 좋다고 하니 참 신기하지요? 그래서 우리나라에는 쑥으로 만든 음식이 많은가 봐요.

참쑥으로 만든 인절미, 절편, 쑥버무리. 어린 쑥으로 만든 쑥국은 쑥으로 만든 대표 음식이지요. 이외에도 어린 쑥을 덖어서 만든 쑥차, 단오 때 캔 약쑥으로 만든 쑥 효소, 쑥 식초, 여러 곡식(쌀, 보리, 율무, 콩, 수수, 깨 등)과 말린 쑥을 같이 갈아 만든 미숫가루 등이 자주 먹는 쑥 음식이에요.

단옷날과 쑥

'오월 단오 안에는 못 먹는 풀이 없다'라는 속담이 있을 정도로 단옷날까지는 산과 들에 나는 모든 풀들이 연하고 맛있을 때랍니다. 그중 가장 잘 알려진 음식이 단옷날에 만드는 쑥떡이에요.
또 쑥은 채취하는 시기가 중요한데 특히 단옷날 오전 11시부터 오후 1시 사이에 뜯는 쑥이 가장 약효가 좋다고 하네요. 집집마다 약쑥을 엮어서 벽에 매달아 두고 비상용 약으로 사용했대요. 소가 병이 나면 말린 쑥으로 고치기도 하고 사람도 탈이 나면 단오 때 말려 둔 쑥을 푹 달여 마시거나 쑥뜸을 뜨곤 했답니다.

우리나라 쑥의 종류와 효능

쑥(약쑥)
여러해살이풀로 앞뒤에 흰 털이 있고 90센티미터 정도로 자라며 어린잎은 국이나 떡, 차 등으로 먹고 성숙한 쑥은 약용으로 이용해요.

사자발쑥
이파리 모양이 사자발을 닮았다고 해서 붙여진 이름이에요. 120센티미터까지 자라고 다른 쑥과는 달리 박하나 겨자 향이 나며 약효가 뛰어나요.

인진쑥
개울가 모래땅에 사는 여러해살이풀로 사철쑥이라고도 해요. 줄기 밑부분은 나무처럼 딱딱해지며 50~60센티미터까지 곧게 자라는데, 해독 효과가 있어 간 기능이 약한 사람에게 좋아요. 무좀, 두통, 신장염, 결석 등에도 약효가 뛰어나요.

떡쑥
키가 20~30센티미터로 작지만 하얀 털빛이 포근한 느낌을 주는데, 맛과 향이 아주 좋아서 주로 떡을 많이 해 먹어요. 천식 환자에게 좋은 치료제로 쓰인답니다.

더위지기
인진쑥처럼 자라면서 줄기 밑동이 나무처럼 변해요. 해독 기능이 있어서 간염, 지방간, 간경화증에 뛰어난 효과가 있어요.

찰쑥
쑥 특유의 향이 약하면서도 빛깔이 좋고, 맛이 순하고 달기 때문에 주로 떡을 해 먹어요. 다른 쑥과는 달리 줄기 부분이 붉은색이에요.

이건 무슨 쑥이야?!

떡쑥이야!

허브 기능을 가진 쑥

허브는 향기가 있는 식물 전체를 뜻하는 말이에요. 향기가 강한 쑥은 전통적으로 생활 허브로 이용되어 왔어요. 봄에 다 자란 쑥을 베어 말려 두었다가 목욕탕이나 화장실에 걸어 두면 나쁜 냄새를 빨아들이고 쑥 향이 은은하게 배여 방향제 대용으로 사용했지요. 또 쑥을 찧어 쑥물을 만들어 옷감에 물을 들이기도 했고요, 말린 약쑥을 태워 여름에 모깃불로 사용하기도 했어요. 약쑥을 베어 말려서 베개나 방석, 이불 속에 넣어 향을 내기도 했는데, 특히 베개 속에 말린 쑥을 넣어 두면 숙면을 취할 수 있다고 알려져 있어요.

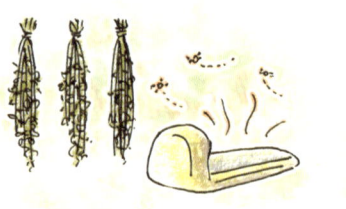

쑥 목욕법

먼저 단옷날 베어 온 약쑥을 그늘에 말려요. 쑥 200~300g을 진하게 달여서 쑥은 건져 내고 쑥물만 목욕물에 부어요. 쑥 향기가 은은하게 퍼지면서 피부가 매끈매끈해지고 아토피 같은 피부염에 좋아요. 부인병에도 효과가 있답니다.

액막이 기능을 해 온 쑥

쑥은 단군 신화에 등장하는 오랜 식물이에요. 예부터 우리 조상들은 나쁜 기운을 쫓는 액막이 기능을 해 준다고 믿었어요. 단오 때 베어 둔 쑥을 대문에 달아 놓으면 여러 가지 나쁜 기운을 물리쳐 주는 액막이 역할을 한대요. 또 삼짇날에 쑥으로 떡을 해 먹으면 장수하고, 나쁜 병을 물리쳐 준다고 믿었지요.

웅녀와 쑥 이야기

『삼국유사』에 의하면 환웅이 사람이 되기를 원하는 곰과 호랑이에게 신령스런 풀인 마늘 스무 통과 쑥 한 묶음을 주며 백일 동안 이것만 먹고 굴에서 햇빛을 보지 않으면 사람이 될 것이라고 했어요. 그러나 성질 급한 호랑이는 뛰쳐나가고 참을성 있는

곰은 쑥과 마늘을 먹고 견뎌 아름다운 여자가 되었어요. 환웅은 여자의 이름을 웅녀라 지었어요. 환웅과 결혼한 웅녀는 얼마 뒤 아기를 낳았어요. 그 아이가 고조선을 세운 단군이에요.

 엄마랑 함께해요

쑥버무리와 쑥 효소 만들기

입안에 쌉싸름한 맛이 퍼지는 쑥으로 떡도 만들어 먹고 효소도 만들어서 건강한 체력을 길러요.

쑥버무리

준비물 : 어린 쑥 한 바구니, 쌀가루 혹은 밀가루 200그램, 소금과 설탕 조금

1. 어린 쑥을 뜯어 깨끗이 씻어 둔다.

2. 쑥을 쌀가루(밀가루)로 버무리고 설탕과 소금으로 간을 맞춘다.

3. 김이 오르는 찜솥에 면 보자기를 깔고 쑥을 얹은 뒤 쪄 낸다.

쑥 효소

준비물 : 약쑥 한 바구니, 항아리, 설탕

1. 단옷날 베이 온 약쑥을 깨끗이 씻어 하룻밤 물기를 말린다.

2. 항아리에 넣기 좋게 10센티미터 간격으로 썬다.

3. 항아리에 설탕과 쑥의 무게를 1:1로 맞춰 재워 둔다.

4. 3개월 후 쑥은 채로 걸러 내고 액체만 병에 담아 냉장고에 넣어 둔다. 먹을 때마다 물로 희석해서 마신다. 복통에 아주 좋다.

교과서 따라하기

봄에 자라는 여러 식물을 색칠해서 풍성한 봄 들판을 꾸며 보아요

질경이

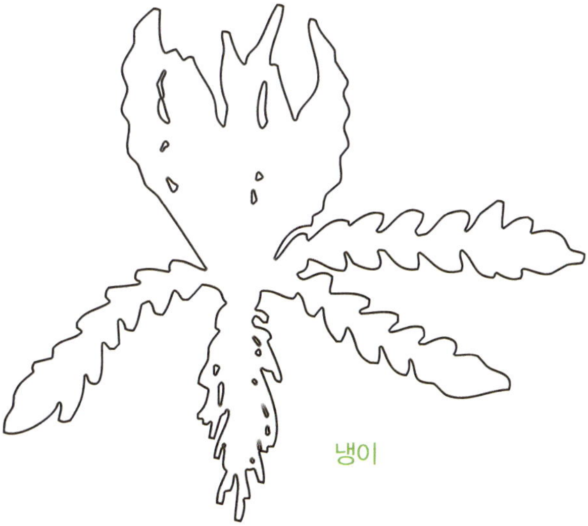

냉이

쑥

자연의 청소부, 버섯

영양이 풍부한 버섯

　버섯은 먹어 보면 쫄깃거리기도 하고 씹히는 맛이 좋아 어린이들이 좋아하지요. 게다가 영양도 풍부해 우리 식탁에 없어서는 안 될 소중한 음식이에요.
　물과 이산화탄소를 먹고 광합성을 하는 식물은 초식 동물이 먹고, 초식 동물은 육식 동물이 먹지요. 그리고 육식 동물이 죽으면 버섯이나 곰팡이 같은 분해자들의 먹이가 된답니다. 죽은 생물체의 몸에 붙어 영양소를 얻는 버섯은 생태계의 분해자이자 청소부랍니다.
　분해자들은 죽은 생물들을 분해해 물과 이산화탄소로 되돌려 놓는 중요한 역할을 해요. 이런 분해자가 없다면 우리 환경은 썩지 않는 시체들로 넘쳐 나겠지요. 그런 점에서 버섯은 생태계에 없어서는 안 될 소중한 청소부랍니다.

식물도 동물도 아닌 신기한 버섯

버섯은 엽록소가 없어서 영양분을 만들지 못해요. 동물처럼 식물이 만드는 영양소를 먹고 자라지만 움직일 수 없으니 동물이라고 할 수도 없지요. 그러면 동물도 식물도 아닌 버섯은 무엇일까요? 분류학적으로 버섯은 곰팡이와 비슷한 균류에 속해요.

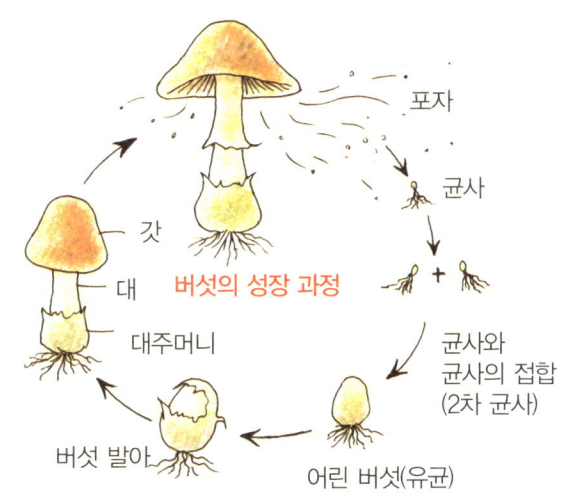

버섯의 성장 과정

독버섯과 식용 버섯 구별하는 방법

우리나라에 자생하는 독버섯은 90여 종이나 돼요. 야생에서 자라는 버섯 중에 먹을 수 있는 종류는 20~30종뿐이에요. 보통 색이 화려하지 않고 세로로 잘 찢어지며, 대에 띠가 있고 곤충이나 벌레가 먹으며, 버섯 즙에 은수저를 넣었을 때 색이 변하지 않으면 먹을 수 있는 버섯이라고 해요. 하지만 독버섯 중에도 대에 띠가 있고 주름살이 있어 세로로 찢어지며, 벌레가 먹는 것도 많아요. 더구나 모양까지 비슷한 달걀버섯(식용)과 개나리광대버섯(독버섯), 개암버섯(식용)과 노란다발버섯(독버섯)은 속고 먹을 수 있으니 주의해야 해요.

달걀버섯   개나리광대버섯   개암버섯   노란다발버섯

잘 아는 버섯을 따는 것이 가장 안전하겠죠?

여러 가지 버섯

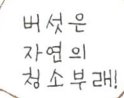

버섯은 자연의 청소부래!

맞아! 죽은 생물을 분해하거든.

송이버섯
소나무 숲이나 낙엽이 쌓인 축축한 곳에서 자라요. 주로 9~10월에 채취하는데 갓은 갈색이나 밤갈색 구형이며 자루의 길이는 10~25센티미터로 갈색 비늘이 덮여 있어요. 향기와 맛이 으뜸이죠.

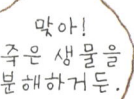

능이버섯
9~10월에 참나무 군락에서 자라요. 갓의 크기가 7~40센티미터, 높이는 7~30센티미터까지 자라며 대형 깔때기 모양을 하고 있어요. 강한 향기가 있어 향버섯이라고도 해요. 요리하면 맛과 향이 일품이에요.

표고버섯
봄부터 가을에 걸쳐 온대 지방의 참나무, 너도밤나무 등의 활엽수에서 나는데 암과 고혈압에 뛰어난 약효가 있어요. 느타리버섯과 더불어 우리 식탁에 자주 오르는 대표적인 식용 버섯이지요.

목이버섯
주로 활엽수의 고목에 붙어 자라요. 요리 재료로 널리 사용되고 있지요. 젖어 있을 때는 물렁물렁하지만 건조되면 단단해지고, 물을 먹으면 다시 본래 상태로 돌아가는 특징이 있어요. 식이섬유가 많아 배변 활동을 도와줘요.

식물, 어디까지 아니?

기와버섯
7~9월에 나며 울퉁불퉁한 갓 표면에 얼룩무늬가 있어요. 길이는 5~10센티미터 정도, 갓 길이는 6~12센티미터 정도로 '청버섯'이라고도 불리는데 어린 버섯은 호박잎에 싸서 구워 먹기도 해요.

느타리버섯
대표적인 식용 버섯으로 봄부터 늦가을까지 활엽수 고목에서 여러 개가 겹쳐 자라요. 요즘에는 인공 재배도 많이 하고 있지요.

꾀꼬리버섯
8~10월에 활엽수림이나 침엽수림의 숲 속 땅에서 나는데 꾀꼬리처럼 노란색을 띤 예쁜 버섯이랍니다. 갓의 크기는 3~8센티미터 정도이며 살구 냄새가 나요. 고급 요리에 주로 쓰여요.

졸각버섯
6~7월에 산이나 들에서 자주 볼 수 있어요. 갓이 오목해서 낙하산을 편 모양 같아요.

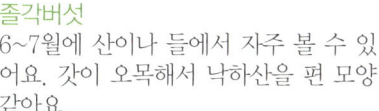

싸리버섯
가을철 소나무와 참나무가 함께 자라는 곳에 있어요. 산호초 모양이에요. 가지가 갈라진 모양이 싸리 빗자루와 비슷해 붙여진 이름이에요.

약이 되는 약용 버섯

버섯 중에는 약효가 뛰어난 것이 많아요. 우리가 흔히 먹는 버섯도 대부분 몸에 이로운 것이지요. 치료에만 쓰이는 버섯도 있어요.

팽이버섯
암 치료, 면역 강화

양송이버섯
혈압 조절, 면역 강화

목이버섯
콜레스트롤 제거, 심장·폐 기능 강화

표고버섯
암 치료, 혈압 조절

노루궁뎅이버섯
소화 불량, 신경 쇠약, 위궤양에 효능

영지버섯

복령
허약 체질, 심신 불안 효능

운지
노화 방지, 암 치료, 면역 증강

동양의 불로초, 동충하초

동충하초란 한자 그대로 겨울에는 곤충, 여름에는 버섯이 되는 신기한 버섯이에요. 동충하초는 곰팡이의 일종인 동충하초균이 곤충의 피부를 뚫고 들어가 영양분을 먹으면서 균사로 번식하지요. 견디지 못하는 곤충은 죽고, 봄이 되면서 그곳에서 버섯이 돋아 나오는데 죽은 곤충과 버섯을 합쳐서 동충하초라고 불러요. 예부터 불로초라 불리는 신기한 명약이랍니다.

요리법도 다양한 버섯 요리

몸에 이로운 버섯을 어떻게 하면 맛있게 먹을까요? 능이·송이·표고·목이버섯 등은 잘게 찢어 채반에 펼치고 햇살 아래 바싹 말리면 향이나 맛이 더 좋아져요.

모든 버섯은 무치거나 볶거나 튀기는 요리가 가능해요. 두부, 닭고기, 감자 등과 함께 요리하면 감칠맛이 더해져요. 튀김을 할 경우 카레 가루를 살짝 뿌려도 맛있답니다.

송이버섯이나 표고버섯을 반으로 갈라 불판 위에 놓고 소금을 살짝 뿌려 구워 먹어요. 프라이팬에 기름을 살짝 두르고 구워도 맛있어요.

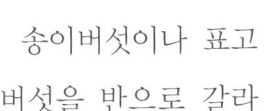

송이버섯이나 능이버섯, 표고버섯 등을 잘게 썰어 넣고 밥을 지어 양념장과 함께 비벼 먹으면 버섯 특유의 향이 쌀에 배여 은은한 맛이 일품이랍니다. 표고버섯, 팽이버섯 등은 두부와 함께 맑은 된장국을 끓이면 맛이 잘 어우러져요.

엄마랑 함께해요

쫄깃쫄깃 버섯 장아찌

1. 마른 표고버섯에 뜨거운 물을 부어 버섯을 불린다.

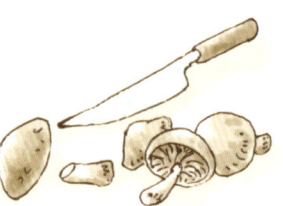

2. 불린 표고버섯에서 버섯 갓과 밑동을 분리한다. 밑동은 모아서 냉동 보관해 두고 육수를 만들 때 사용한다.

3. 버섯 갓은 큰 것은 사등분, 작은 것은 이등분하고, 양파는 채를 썰고, 마늘과 생강은 납작 썰기를 한다.

4. 간장, 식초, 소금, 설탕물을 같은 비율로 부은 다음 냄비에 끓여서 식힌다.

5. 물기를 뺀 표고버섯에 간장 물을 부어 하룻밤 재운다.

6. 다음 날 다시 간장만 따라 내어 끓인 후 식혀서 표고버섯에 부은 후 냉장 보관한다.

식물, 어디까지 아니?

교과서 따라하기

퀴즈! 퀴즈!

내가 다 알아맞힐 거야!

1. 다음은 무엇에 관한 설명일까요?

   죽은 생물체의 몸에 붙어 영양소를 얻어요. 생태계의 분해자이자 청소부 역할을 해요.

2. 다음은 어떤 버섯에 관한 설명일까요?

   주로 활엽수의 고목에 붙어 자라요. 요리 재료로 널리 쓰이는데, 젖어 있을 때는 물렁물렁하지만 건조되면 단단해지고, 물을 먹으면 다시 원 상태로 돌아가요.

3. 시장이나 슈퍼마켓에 가면 흔히 보는 버섯이에요. 버섯의 이름을 맞혀 보아요.

느타리버섯   양송이버섯   표고버섯

밭에서 나는 고기, 콩

머리를 똑똑하게 하는 콩

　단백질과 지방, 탄수화물 무기질 등이 풍부한 콩은 밭에서 나는 고기라고 불리며 각종 성인병을 예방하는 곡식이랍니다. 우리나라는 콩에 관한 음식이 많기로 유명해요. 다른 나라는 콩을 그냥 섭취하지만 우리 선조들은 콩을 길러 만든 콩나물, 콩을 발효해서 만든 된장, 청국장 등 여러 가지 콩 음식을 만들어 먹었지요.

　콩은 날것으로 먹는 것보다 익혀서 먹는 게 좋으며 삶아서 발효한 된장이나 청국장은 더욱 좋다고 해요. 콩을 발효하면 뇌 발달에 필요한 글루타민산이 생성돼 두뇌 건강에 좋고 암도 예방한답니다. 콩은 우리 식탁에 꼭 필요한 음식이며 훌륭한 약재이기도 하지요. 그런데 콩의 원산지가 우리나라라는 사실을 알고 있나요? 콩의 원산지는 만주의 남부 지역, 즉 그곳은 옛 고구려 땅이었어요.

발효 음식의 대표 선수 된장

발효란 미생물의 작용으로 유기 물질이 분해되어 사람에게 이로운 물질이 만들어지는 과정이에요. 발효를 거치면서 원래의 재료에는 없는 영양분과 맛이 더해진답니다.

발효 음식에는 맥주와 와인, 빵 등 효모를 이용한 것과, 누룩과 메주 등 곰팡이를 이용한 것이 있어요. 또 소주, 막걸리, 청주 등은 곰팡이와 효모를 함께 이용한 것이고 청국장, 요구르트, 치즈, 김치, 식초는 세균을 이용한 발효 음식이에요. 된장, 간장, 고추장은 곰팡이, 효모, 세균을 다 이용해 만든 발효 음식이랍니다.

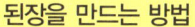
된장을 만드는 방법

1. 물에 불린 콩을 큰솥에 넣고 밑이 타지 않게 서서히 삶는다.

2. 푹 삶은 콩을 뜨거울 때 절구에 넣고 찧는다.

3. 찧은 콩을 메주 틀에 넣고 모양을 만든다.

4. 메주를 1~2일 말린 다음 짚으로 엮어 따뜻한 방에 매달아 발효한다.

5. 소독한 항아리에 메주를 켜켜이 넣고 소금물을 붓고 그 위에 고추, 숯, 소금 한 주먹을 얹는다.

6. 40일 뒤 간장과 된장은 분리해 항아리에 담는다. 된장은 묵을수록 깊은 맛이 난다.

우리 몸에 이로운 여러 가지 콩

메주콩
노란 콩 또는 백태라고도 부르는데 메주를 만드는 데 가장 널리 쓰여요. 영양면에서는 항암 작용을 비롯해 혈중 콜레스테롤을 낮추고, 비만과 변비를 예방하는 효과가 있어요. 된장 외에도 두부를 만들어 먹기도 하고, 싹을 틔워 나물로 먹기도 하지요.

서리태
껍질은 검은색이지만 속은 파란 콩이에요. 서리를 맞으며 자란다고 해서 서리태라고 하지요. 다른 콩에 비해 당도가 높아 밥에 넣어 먹거나 떡을 만들 때 주로 써요. 노화 방지에 좋다고 알려져 있어요. 서리태를 발효시켜 만든 청국장은 건강에도 아주 좋아요.

쥐눈이콩
검정콩의 일종으로 작은 모양이 쥐의 눈 같다고 해서 쥐눈이 콩이라 이름 붙여진 재미있는 콩이에요. 약콩으로 쓰이며, 해독 작용을 해요.

땅콩
브라질이 원산지인 땅콩은 지방과 단백질이 풍부해 영양가가 매우 높은 식품이지요. 볶아서 간식용으로 먹고 땅콩 버터·과자용 등으로 널리 쓰이며 낙화생유는 식용 기름·기계류·윤활유 등에도 쓰여요.

팥
팥은 줄기가 곧게 서는 보통 팥과 덩굴성인 덩굴 팥으로 구별되고, 여름 팥과 가을 팥, 씨 껍질의 색깔에 따라 붉은팥, 검은팥, 푸른 팥, 얼룩 팥 등으로 구별해요. 온도가 낮거나 습기가 많으면 잘 자라지 않지만 생육 기간이 짧아 다른 작물의 앞·뒷그루의 짧은 기간을 이용해서 재배할 수도 있어요.

완두콩
높이는 2미터 정도이고 잎은 겹잎이며 잎 끝은 덩굴손으로 되어 지주를 감아 올라가면서 자라요. 늦은 봄에 꽃이 피며 흰색, 붉은색, 자주색 등 여러 빛깔을 띠어요. 꼬투리에는 5~6개의 콩알이 나란히 들어 있어요.

콩의 여러 가지 효능

성인병 예방에 효과 만점인 콩에는 당뇨병 치료에 좋은 식이 섬유와 콜레스테롤 수치를 줄여 주는 콩 단백질, 혈압을 조절하는 콩 펩타이드가 풍부해요. 콩에 들어 있는 사포닌은 비만 체질을 개선하고 체중을 줄여 주며 제니스틴과 다이제닌은 뼈를 튼튼하게 해요. 또한 콩에는 두뇌를 건강하게 하는 레시틴이 풍부해 치매를 막는다고 해요.

된장과 청국장은 사촌지간

청국장은 발효 기간이 3일 정도로 비교적 짧아요. 콩이 발효하면서 각종 영양 성분의 흡수율을 높이는 미생물과 효소가 풍부해져 건강에 매우 좋아요.

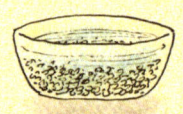
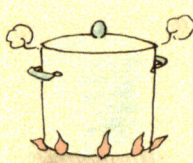

1. 국산 메주콩을 깨끗이 씻어 하룻밤 불린다.

2. 불린 콩을 중간 불에서 3~4시간 삶는다.

3. 삶은 콩을 뜨거울 때 대바구니에 담고 볏짚을 사이사이 꽂는다.

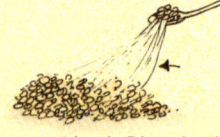

4. 대바구니를 따뜻한 곳에 두고 이불을 여러 겹 덮는다.

5. 2~3일 뒤 청국장 냄새가 나고 콩 색깔이 진해지면서 하얀 실이 생기면 발효가 잘된 것이다.

6. 2~3일 뒤 냉장고에 넣고 한 숟가락씩 먹거나 청국장을 끓여 먹는다.

두부도 콩으로 만드는 거야~

콩으로 만드는 두부는 가공 과정을 거치지만 콩이 가진 영양 성분이 하나도 파괴되지 않으면서도 가공 과정에서 콩이 지닌 독소가 사라지는 좋은 식품이에요. 게다가 콩에 들어 있는 식물성 단백질은 동물성 단백질과는 달리 몸에 흡수가 빨라 곡류를 주식으로 하는 우리나라 사람들에게는 더 없이 좋은 단백질 식품이지요. 고소하고 매콤한 두부찌개, 프라이팬에 콩기름을 살짝 두르고 소금을 살짝 뿌려 지져 낸 두부 부침, 부드럽고 고소한 맛이 일품인 콩비지 찌개, 양념장만 살짝 뿌려 밥에 비벼 먹는 연두부까지 두부 종류도 많고 두부 요리도 가지가지예요. 두부는 김이나 미역같이 요오드가 풍부한 해조류와 같이 먹으면 찰떡궁합이래요. 요즘에는 건강식품으로 아주 인기가 좋아요.

> ### 유전자 변형 식품(GMO)
>
> 유전자 변형 식품이란 인위적으로 유전자 구조를 바꿔 수확한 농산물을 말합니다.
> 식물에 강한 유전자를 넣어 제초제를 뿌려도 죽지 않는 강한 작물로 만들어 수확량을 높이는 과학기술이지요.
> 유전자 변형 식품의 안정성은 아직 검증되지 않았어요. 유럽에서는 이들 식품의 수입을 금지하고 있답니다. 하지만 우리나라는 유전자 변형 식품 중 대표적인 작물인 콩과 옥수수 이외에도 토마토, 감자 등 유전자 변형 식품이 많이 수입되지요. 그러므로 될 수 있는 한 수입 농산물이나 가공식품 사용을 피하고 안전한 국내 농산물을 이용하는 것이 최선의 방법이랍니다.

완두콩 기르기

1. 콩은 덩굴 식물이므로 속이 깊은 화분을 준비한다.

→ 배양토

2. 화원에서 배양토를 구입해서 화분에 흙을 채운다.

3. 화분에 물을 뿌려 흙을 충분히 적신다.

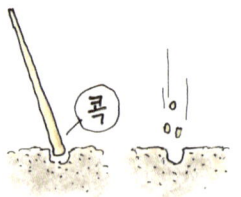

5. 화분은 햇빛을 잘 받을 수 있는 곳에 두고 흙을 손으로 만져 보아 습기가 있으면 하루 이틀 기다렸다가 스프레이로 분무를 해 준다. 물을 너무 자주 주면 싹이 썩으니 주의한다.

4. 젓가락으로 콩을 심을 자리에 3센티미터 정도 깊이로 구멍을 뚫어 완두를 2~3개 넣고 흙으로 살짝 덮어 준 다음 스프레이로 물을 뿌려 준다.

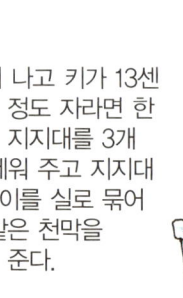

6. 싹이 나고 키가 13센티미터 정도 자라면 한 화분에 지지대를 3개 정도 세워 주고 지지대 사이사이를 실로 묶어 고깔 같은 천막을 만들어 준다.

↑ 꽃

→ 꼬투리

7. 완두가 자라면서 덩굴손이 뻗으면 서로 엉키므로 살살 풀어 주면서 지지대로 올라가게 해 준다.

→ 완두콩

8. 콩을 심은 지 6~7주가 지나면 꽃이 피고, 꽃이 진 자리에 콩깍지가 달린다.

식물, 어디까지 아니?

교과서 따라하기

서로 연관 있는 것끼리 짝을 지어 보아요

　발효란 유산균 같은 유익한 미생물의 작용으로 식품의 영양가와 저장성이 높아지는 것을 말해요. 다음은 대표적인 발효 음식이에요. 서로 연관 있는 것끼리 짝을 지어 보아요.

흉년을 대비한 도토리

상수리나무, 굴참나무, 신갈나무, 갈참나무, 졸참나무, 참가시나무, 붉가시나무, 떡갈나무 등의 열매를 도토리라고 해요. 그러면 참나무는요? 참나무는 우리나라 활엽수를 대표하는 나무라 할 수 있지만 식물학적으로는 없는 이름이에요. 도토리를 맺는 나무들의 이름을 합쳐서 참나무라고 불러요. 도토리는 고대 주거지에서도 많이 발견되는데 이는 아주 오랜 옛날부터 사람들의 양식이 되어 왔음을 말해 주는 것이지요. 우리나라에서도 신석기 시대 주거지가 발견되었을 때 탄화된 도토리 알 20톨이 발견되었대요. 흉년을 대비해서 심었던 대표적인 구황 식물이 바로 도토리였어요. 도토리는 고려 시대뿐 아니라 조선 시대에도 구황 작물로서의 기능을 충실히 수행했어요. 숙종 때는 심한 흉년이 들자 가난한 백성들을 구하기 위해 도토리 20말을 보내며 "흉년에 도토리만 한 것이 없다."고 말했다고 해요. 한국 전쟁 당시에도 도토리는 많은 사람들의 배를 채워 주는 소중한 음식이었어요.

산속 친구들의 먹이

도토리를 먹고사는 어치는 참나무 숲을 만들어 주는 새랍니다. 어치는 겨울에 먹을 도토리를 땅속에 숨겨 두지만 다 찾아 먹지는 못해요. 그래서 어치가 땅속에 숨겨 두고 찾지 못한 도토리는 봄이 되면 싹이 터서 참나무 숲을 만드는 것이지요. 어치에게는 도토리를 담을 특별한 목 주머니가 있어 덩치에 비해 큰 도토리를 먹을 수 있어요.

곰은 겨울잠을 자는 동안 아무것도 먹지 않아요. 암컷은 새끼를 낳기 때문에 가을에 영양가 높은 도토리를 많이 먹어 영양을 비축한답니다. 뭐니 뭐니 해도 도토리는 다람쥐의 양식이에요. 거의 땅에서 생활하는 다람쥐도 겨울잠을 자는데 열흘에 한 번 정도 깨어나 저장한 도토리를 먹는대요. 이와 달리 청설모는 주로 나무 위에서 살며 겨울잠을 자지 않아요. 잡식성이라 도토리보다는 호두나 잣을 즐겨 먹고 나무 열매, 새알, 새순도 먹어요.

도토리를 맺는 참나무 6형제

상수리나무
임금님의 수라상에 오르는 도토리묵이라 해서 수라상 → 상수라 → 상수리가 되었어요. 질 좋은 도토리 가루를 내는 나무로 참나무 중 열매가 가장 크답니다.

굴참나무
상수리나무와 비슷하게 생긴 굴참나무는 황록색인 상수리나무와 달리 회백색이에요. 나무 껍질은 코르크 재질로 쓰이며, 표고버섯 재배와 굴피집의 지붕 재료로도 쓰여요.

신갈나무
옛날에는 신발 밑바닥으로 깔아 신었다고 해서 신갈나무로 불리게 됐어요. 농기구와 철로 침목으로 쓰여요. 우리나라 전역에서 골고루 잘 자라는 나무예요.

떡갈나무
참나무를 대표하는 나무지만 그리 흔하지는 않아요. 옛날에 떡갈나무 잎으로 떡을 싸서 먹었다고 해서 얻어진 이름이에요. 냉장고 속에 떡갈나무 잎을 넣어 두면 나쁜 냄새가 없어져요.

참가시나무
이름과는 달리 가시가 없어요. 주로 남해 안의 따뜻한 지방에서 자라며 겨울에도 잎이 지지 않아요. 도토리와 닮은 열매를 가시라고 하는데, 담석과 결석을 녹이는 약성이 있대요.

졸참나무
참나무 중에서 잎과 도토리가 가장 작아서 졸장부라는 의미의 '졸'이 붙은 참나무지만 나무 크기로는 다른 참나무에 뒤지지 않는답니다. 도토리 가루도 가장 많이 나온다고 해요.

도토리의 효능과 활용법

도토리는 사람들에게 굉장히 이롭지만 열매 자체로는 보관이 어려워 가루로 만들어 두고두고 써요. 도토리묵, 도토리 전병, 도토리 수제비 등이 도토리 가루로 만든 대표적인 영양식이지요. 도토리는 몸속의 중금속을 몸 밖으로 내보내며 설사를 막아 줘요.

도토리는 또 천연 염색 재료로도 쓰여요. 여름에는 주로 잎을, 가을과 겨울에는 열매를 이용해 옷감에 검은색 물을 들이지요. 천연 탈취제로도 쓰이는데, 도토리가 열리는 떡갈나무나 상수리나무 잎을 냉장고에 넣어 두면 냉장고에서 나는 나쁜 냄새를 싹 없애 줘요.

불로장생의 열매 도토리

야생 인간의 전설이 우리나라 여러 곳에서 전해 내려오는데, 임진왜란 때 산으로 도망친 사람들이 350년간 벌꿀에 잰 도토리를 먹고살았다고 해요. 이들을 메사니 혹은 미사리라고 부르는데, '산에 사는 사람'이란 뜻이에요. 도토리 겉껍질을 벗기지 않은 채 벌꿀에 3년을 재어 두면, 도토리의 떫은 맛이 사라져요. 하루 10~20알씩 먹으면 배도 안 고프고 힘도 나는데, 한 마디로 불로장생의 명약이래요.

—『약이 되는 우리 풀·꽃·나무』 중에서

구황 작물 도토리

도토리나무는 들판을 내다보고 열매를 맺는대요. 쌀과 도토리는 정반대되는 조건에서 잘 자라는데, 도토리가 많으면 흉년이 든다는 말이 있어요. 쌀이 많이 나기 위해서는 비가 많이 오고 무더워야 하지만 도토리는 건조한 날씨를 좋아하기 때문에 가뭄이 들면 도토리가 많이 달린답니다. 그러므로 가뭄이 심해 흉년이 들면 산에서 도토리를 주워 식량을 대신했어요. 흉년에 도토리는 꿀 같은 밤이었기에 꿀밤나무라는 애칭도 얻었지요.

> 나는 무덥고 건조한 날씨를 좋아해.

> 나는 무덥고 습해야 잘 자라.

굴참나무 껍질로 만드는 굴피집

'기와 만년에 굴피 천년'이라는 말이 있어요. 굴피 지붕의 수명이 길다는 뜻이지요. 굴피란 상수리나무나 굴참나무 껍질을 말하는데, 이십여 년 이상 자란 나무의 껍질을 벗겨 지붕을 덮었답니다. 굴피집은 마치 누더기를 걸친 것처럼 초라하지만, 대기가 건조해지면 바짝 오그라들어 군데군데 하늘이 보이다가 대기가 습하고 비가 내리면 다시 늘어나 지붕의 틈을 메워 비가 새지 않는대요. 문화재(중요 민속자료)로 지정된 것으로 삼척시 신기면 대이리에 굴피집과 굴피 통방아(중요 민속자료 제222호·제223호)가 있어요.

도토리묵을 만들어요

1. 도토리묵을 먹기 좋은 크기로 썰어 준 다음 소금을 살짝 뿌린다.

2. 도토리묵에 들어갈 갖은 채소들을 손질한다.

3. 오이는 반으로 잘라 어슷썰기를 하고, 미나리는 5센티미터 길이로 썬다.

4. 김가루는 잘게 부순다.

5. 간장, 고춧가루, 다진 대파, 다진 마늘, 설탕, 참기름, 깨소금을 넣어 양념장을 만든다.

6. 도토리묵에 양념장을 넣어 함께 버무린다.

 식물, 어디까지 아니?

교과서 따라하기

탐구보고서를 써 보아요

탐구 일자	20 년 월 일 요일 날씨
탐구 장소	남산
탐구 주제	참나무 열매
핵심 단어	도토리 다람쥐 상수리나무 청설모
탐구 방향	남산에 있는 참나무의 종류와 열매를 찾아 보기 1. 참나무의 종류 2. 도토리 모양 살피기 3. 도토리를 먹고사는 산짐승 조사하기 탐구한 내용 그려 보기
활동 평가	나 / 엄마

75

친환경 오리 농법 이야기

오리를 이용한 농사짓기

친환경 오리 농법이란 벼농사를 지을 때 생기는 잡초와 해충을 농약을 쓰지 않고 새끼 오리를 논에 풀어서 잡초와 해충을 없애는 농사법이에요. 청둥오리와 집오리(흰 오리) 사이에서 태어난 새끼 오리들이 벼 사이사이를 다니며 잡초를 먹어 치우고 해충을 잡아먹어요. 게다가 오리들의 배설물은 훌륭한 거름이 된답니다. 오리 농법으로 지은 벼는 친환경 쌀이라 안심하고 먹을 수 있는 건강한 먹거리랍니다.

식물, 어디까지 아니?

논농사는 환경에 얼마나 도움이 될까요?

논농사는 환경에 중요한 역할을 해요. 물 조절과 수질 정화는 물론이고요, 지하수 함양 기능이 탁월해서 하천으로 흐르는 물의 양을 안정시키고 지반이 가라앉는 것도 막아 줘요. 무엇보다도 지구 온난화의 원인을 제공하는 이산화탄소를 벼가 흡수하고 정화시켜 산소를 배출한답니다.

벼의 한해살이

심고 싶은 볍씨 품종을 선택해요.

해충과 균을 없애고 볍씨를 깨끗이 씻어요.

볍씨 담을 모판을 만들어요.

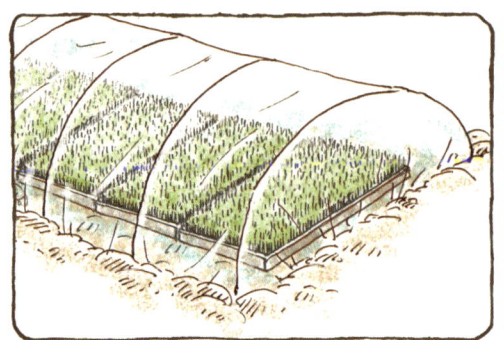

모판에서 모를 길러요.

논바닥을 편편하게 만들어요.

친환경 쌀농사는 환경 지킴이, 건강 지킴이래요

친환경 농법으로는 오리 농법 외에도 우렁이 농법이 유명해요. 농사는 풀과의 전쟁이기 때문에 농약을 쓰지 않을 경우 풀을 없애는 일은 큰 골칫거리예요. 우렁이 농법은 바로 무논에서 농약 대신 제초 문제를 해결하기 위한 가장 좋은 방법이라 할 수 있어요. 우렁이는 풀을 무척 좋아하는 대식가예요. 특히 중국 남부 지방에서 들여온 왕우렁이는 토종 우렁이보다 훨씬 많은 풀을 먹어 치운답니다. 벼를 먹으면 어떻게 하냐고요? 우렁이는 물속에 있는 풀만 먹는 습성이 있어요. 즉, 모를 물에만 안 잠기게 하면 우렁이가 벼를 먹을 일은 없다는 거죠. 특히 우렁이 농법으로 키운 벼는 생명력도 강해 병해충에도 끄떡없답니다.

침묵의 봄

평화로운 시골 마을에 갑자기 재앙이 찾아오기 시작해요. 병아리 떼가 원인 모를 병에 걸려 앓고, 소나 양들이 시름시름 앓다가 죽어 갔어요. 새들도 더 이상 지저귀지 않았지요. 마을 사람들은 불길하게 조용한 자연을 보며 두려움에 떨었어요. 봄은 왔는데 대지에는 침묵만이 감돌았어요. 이 이야기는 레이첼 카슨이 1962년에 발표한 『침묵의 봄』이에요. 무분별한 농약과 살충제 사용으로 파괴되는 생태계를 '침묵의 봄'이라는 표현을 써서 비판하고 있지요. 또 "과학이 가장 끔찍한 현대 무기로 부상한 채 곤충을 향해 총부리를 들이대고 있는데 사실상 그것은 우리가 살고 있는 이 지구를 향한 총부리라고 생각하면 깜짝 놀랄 만한 불행임에 틀림없다."고 경고했어요.

현미가 왜 좋을까요?

현미란 벼에서 왕겨만 벗겨 내고 백미로 만들지 않은 쌀을 말해요. 백미에 비해 저장성이 좋고 영양이 풍부해요. 현미는 호분층이라 불리는 쌀겨와 배아(쌀눈), 배유(백미)로 이뤄져 있어요. 다시 말해 현미는 쌀을 틔우는 생명력이 있는 곡식이지만 백미는 싹을 틔우지 못하는 죽은 곡식이랍니다. 현미는 회분, 섬유, 칼슘, 인, 철분, 마그네슘, 비타민 B1·B2, 니코틴산(나이아신), 엽산, 비타민 B6 등의 성분이 들어 있어 과학적으로 또 영양학적으로 볼 때 완벽한 식품이라고 할 수 있지요. 혈중 콜레스테롤을 감소시키고, 면역력을 증강시켜요. 그뿐만이 아니랍니다. 중금속, 노폐물을 몸 밖으로 배출시켜요.

현미의 성분

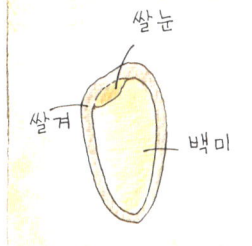

현미는 영양소는 풍부하지만 소화가 잘 안 되고 씹는 맛이 까칠한 단점이 있어요. 이런 현미의 단점을 보완한 것이 발아 현미예요. 왕겨를 벗겨 낸 현미에 수분과 온도, 산소를 알맞게 공급해 주어 1~5밀리미터 정도 싹을 틔운 것을 말하지요. 싹이 트는 시기에는 새 생명에게 영양분을 공급하기 위해 종자가 갖고 있는 영양 물질을 분해하는 각종 효소가 증가해 전에 없던 새로운 영양소가 만들어진답니다. 발아 마늘, 발아 콩, 발아 보리, 발아 알파파, 새싹 배추 등도 발아시켜서 먹어요.

콩나물 키우기

콩을 싹을 내어 기른 콩나물은 채소가 귀한 겨울 최고의 반찬이지~

아, 그럼 콩나물이 만들어진 거네.

1. 마른 콩을 24시간 물에 불린다.

2. 콩이 빠지지 않을 정도의 구멍이 숭숭 난 옹기 바닥에 짚이나 양파 망을 깐다.

3. 불린 콩을 골고루 깔고 검은 천을 덮어 준다. 물은 하루 5~6회 준다.

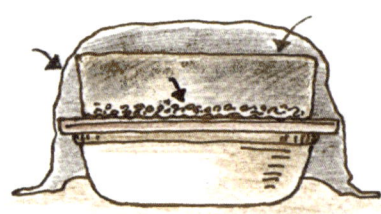

4. 검은 천을 잘 덮어 놓고 콩이 자라기를 기다린다.

5. 콩에서 싹이 나면 데쳐서 샐러드로, 콩뿌리가 길어지면 무침이나 국을 끓여 먹는다.

식물, 어디까지 아니?

교과서 따라하기

빈칸에 알맞은 이름을 써 보아요

가을 들판에 무럭무럭 익어 가는 곡식들이에요. 어떤 곡식이 익어 가고 있을까요? 알맞은 이름을 써 보아요.   벼, 수수, 율무, 조, 콩, 깨

85

시골 마당에 활짝 핀 꽃

　시골에 가면 도시에서는 잘 볼 수 없는 꽃들이 심어져 있어요. 대문 앞이나 장독대 주위로는 봉선화가 피어 있고요, 울타리 담장 너머로 해바라기가 고개를 쑥 내밀고 있지요. 장승처럼 대문을 지키는 접시꽃도 있고, 뒷마당에는 꽈리꽃이 은은한 향기를 내뿜고 있어요. 시골 마당에서 자라는 꽃들은 아름다운 꽃을 보기 위해 심은 것도 있지만 생활 속에서 유용하게 사용하기 위해 심기도 한답니다. 그래서 기능성 꽃들이라 한 거예요. 화려한 자태를 뽐내지 않아도 생활에 꼭 필요한 꽃을 심었던 우리 조상들의 지혜를 엿볼 수 있지요.

울 밑의 봉선화

봉선화는 꽃 모양이 머리와 날개, 꼬리와 발을 우뚝 세운 봉황을 닮았다고 해서 붙여진 이름이에요. 우리나라에서는 봉숭아라고 부르기도 한답니다. 봉선화에는 뱀이 싫어하는 냄새가 나서 집과 밭, 장독대 둘레에 심어 뱀을 막았어요. 봉선화 꽃잎으로 손톱을 빨갛게 물들이면 귀신이나 질병을 물리친다고도 믿었어요.

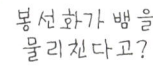

동요 봉선화

홍난파가 작곡한 '봉선화'에는 일제 강점기에 고초를 겪는 민족에 대한 슬픔과 안타까움이 묻어 있어요. 뱀의 침입을 막는 것처럼 일제 침략을 막아 주길 바라며 '봉선화'를 지은 게 아닐까요?

손톱 물들이기

칠석날 손톱에 봉선화 꽃물을 들이고 그 꽃물이 첫눈이 올 때까지 남아 있으면 첫사랑이 이뤄진대요. 우리 예쁜 꽃물을 들여 볼까요?

1. 봉선화 꽃잎과 잎사귀, 괭이밥이나 백반 등을 준비한다.

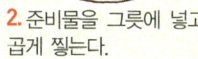

2. 준비물을 그릇에 넣고 곱게 찧는다.

3. 손톱 크기에 맞게 얹고, 랩으로 꽁꽁 싸 준다.

4. 하룻밤 자고 나면 예쁜 꽃물 완성!

봉선화의 약효와 활용법

봉선화 씨앗에는 딱딱한 것을 연하게 하는 성분이 들어 있어요. 생선 가시가 목에 걸렸을 때 봉선화 씨앗을 가루 내어 물에 타마시면 가시가 녹아 없어진대요.

신장 결석, 요로 결석으로 통증이 심할 때 봉선화 씨앗과 꽃을 술에 담가 뒀다가 날마다 작은 종지로 한 잔씩 마시면 통증이 사라지고 소변으로 결석이 녹아 나온대요.

봉선화 씨앗이나 줄기를 달인 물을 마실 때는 빨대를 사용해 목구멍으로 바로 넘겨야 한대요. 이가 상할 수 있기 때문이에요.

맨드라미

지네와 잡귀를 막아 준다고 해서 장독대 주변에 심었어요. 꽃 모양이 닭 볏을 닮아서 계관화라고 부르기도 한답니다. 맨드라미는 지혈 작용이 있어 코피 등 출혈이 있을 때 이용하며, 차나 효소로 만들어 마시기도 해요. 염색 재료가 되기도 하지요.

약성 맨드라미 꽃을 말려서 달여 마시면 각종 출혈 증상에 매우 좋고, 설사와 이질, 시력 회복에 도움이 된대요.

염색 맨드라미 줄기, 잎, 뿌리를 달여 우려낸 물로 침구나 의복을 염색하면 매우 아름다운 빛깔이 나온답니다. 건강에도 좋은 천연 염료예요.

맨드라미 잎 부침개를 만들 때 모양을 내기 위해 넣었던 재료가 맨드라미 잎이에요. 창호지로 방문이나 창문을 바를 때도 맨드라미 잎을 넣어 꾸미기도 했대요.

차 맨드라미 꽃을 가늘게 찢어서 프라이팬에 볶은 뒤 치로 우려 마셔요. 여기에다 녹차 잎을 섞으면 더 향기롭고 아름다운 빛깔의 차가 되지요.

아낙네들의 꽃, 분꽃

시계가 없었던 옛날, 날이 흐리거나 비가 와서 시간을 구별하기 어려울 때 시계 역할을 하던 꽃이 바로 분꽃과 박꽃이랍니다. 이 꽃들은 오후 5시경이면 어김없이 꽃잎을 열어 저녁밥 짓는 시간을 알려 주었어요. 또한 분꽃은 시집가는 새색시들에게 없어서는 안 될 중요한 화장품이기도 했어요. 열매가 까맣게 익을 무렵 안을 쪼개 보면 하얀 가루가 가득 들어 있는데, 이 가루를 화장하는 데 사용했어요.

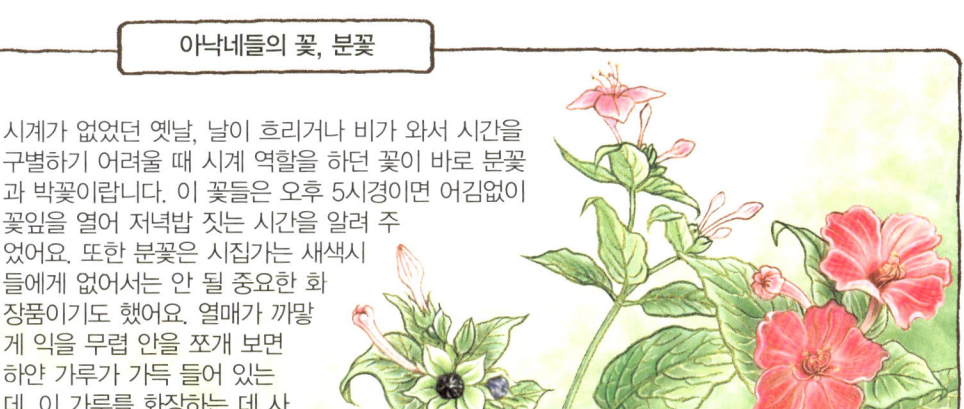

어머니를 닮은 박꽃

초가지붕 위에 박 덩굴을 올려 박이 주렁주렁 달리면 따서 속은 긁어 배고픔을 달래고, 껍데기는 말려 바가지를 만들었어요. 박꽃은 분꽃과 마찬가지로 시계 역할을 했으며 약초로도 중요하게 쓰였어요. 어류, 버섯류를 먹고 탈이 났을 때 박 껍질을 달여 마셨어요. 치질이나 어린아이 설사에도 효과가 좋아요.

시간을 알려 주는 꽃들

아침 : 나팔꽃, 호박꽃

저녁 : 달맞이꽃, 분꽃, 박꽃

오전 오후

해바라기씨 기름

해바라기 씨에는 동맥 경화를 예방하고 간 기능을 좋게 하는 성분이 들어 있답니다. 해바라기 씨를 볶아서 꾸준히 먹으면 성인병 예방뿐 아니라 피부에도 좋지요. 해바라기 씨로 짠 기름에는 불포화 지방산과 비타민 A·E가 풍부해 피부에 탄력을 주고 혈액 순환을 도우며, 지방을 분해하는 효과도 있어요.

"빨간 꽈리 열매는 아이들의 장난감이 되어 준단다."

"헤"

"한여름에 피는 접시꽃은 매우 귀중한 약초가 되었대."

"증상에 따라 하얀 접시꽃과 붉은 접시꽃을 구별해서 썼어."

"단순히 예뻐서 꽃을 키우는 게 아니었네."

꽈리를 만드는 법

- 잘 여문 꽈리 껍질을 열면
- 빨갛고 동그마니 예쁜 꽈리 알이 숨어 있어요.
- 속을 다 파내면 바람 빠진 풍선처럼 홀쭉해져요.
- 입구로 바람을 불어넣으면 금방 빵빵해져요.
- 꽈리 속을 이쑤시개나 바늘 같은 뾰족한 도구로 입구가 찢어지지 않게 살살 파내요.
- 바람이 들어가 빵빵해진 꽈리를 입에 넣고 오물거리면 재미있는 소리가 나지요.

홍화를 이용한 선조들의 지혜

홍화꽃으로 만든 떡 덩이를 잿물에 넣고 주무른 다음 식초를 넣으면 앙금이 생겨요. 그것을 시집가는 새색시의 볼과 이마에 빨갛게 동그라미를 그리는 데 써요. 그게 바로 '연지 곤지'랍니다. 이른 아침에 홍화꽃을 따서 그대로 말리거나 눌러서 떡 덩이처럼 만들어 염색 원료로 사용했어요.  홍화꽃으로 술을 담가 먹기도 하고 가루를 내어 물에 타서 마시기도 하는데 골다공증 등 부인병 등에 좋아요. 골절상, 타박상을 입거나 관절염으로 고생할 때 약으로 쓰이기도 한답니다. 홍화 씨로 짠 홍화유는 마가린, 샐러드유, 튀김 기름으로 사용해요. 불포화 지방산이 많이 들어 있어 몸에 좋은 기름이랍니다.

홍화꽃

'홍화'라고 부르는 잇꽃은 음식에 색깔을 입히거나 옷감을 물들일 때 썼어요. 최근 홍화 씨가 위장병이나 골다공증에 효과가 있다는 연구 결과가 나와 널리 이용하고 있지요. 소화 기능이 약한 사람은 위에 부담을 줄 수 있으므로 조심하고, 홍화 가루는 꼭 냉동실에 보관해야 해요.

홍화는 처음에는 관상용으로 뜰에서 기르다가 약성이 좋다고 알려지면서 밭에서 재배했는데, 주로 염료나 화장품으로 쓰인단다.

아, 연지 곤지?

엄마랑 함께해요

압화 만들기

납작하게 눌러 말린 꽃이나 잎을 붙여서 만든 그림을 압화라고 해요.

재료

눌린 꽃잎, 액자, 붓, 풀, 물감

압화 만드는 법

1. 액자에 물감을 칠한다.

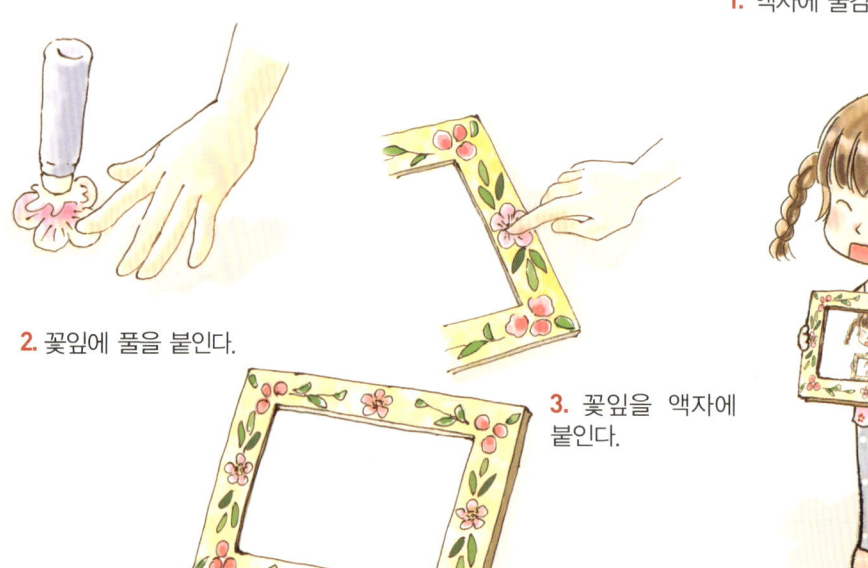

2. 꽃잎에 풀을 붙인다.

3. 꽃잎을 액자에 붙인다.

4. 홍화 액자 완성!

식물, 어디까지 아니?

꽃 이름을 맞혀 보아요

여러 가지 기능을 가진 꽃들이에요. 알맞은 꽃 이름을 맞히고, 어떤 기능들이 있는지 써 보아요. 해바라기, 봉선화, 홍화꽃, 나팔꽃, 호박꽃, 분꽃

이름

기능

이름

기능

이름

기능

이름

기능

이름

기능

이름

기능